Für unsere Kinder
und Enkelkinder

Autor: Christian Fuchs
Illustrationen: Sabine Fuchs

Druck und Bindung: Amazon KDP

ISBN: 978-3-9505490-1-0
1. Auflage

Die Kinder auf der Wolke

OmaOpaFox.com

Dieser Band ist auch als Hardcover, E-Book und Malbuch verfügbar.

Tag 1 - Der Ausflug

„Kinder“, sagt Papa, „Zähne putzen, waschen, Pyjama anziehen und ab ins Bett. Ich komme gleich und erzähle euch noch eine Geschichte.“ Duxi und Susi freuen sich jeden Abend auf Papas Geschichten, die er immer so spannend erzählt.

Die heutige Geschichte handelt von einer abenteuerlichen Reise zweier Kinder rund um die Welt.

Duxi und Susi liegen schon gespannt im Bett, als Papa mit der Geschichte beginnt.

Zwei Kinder wohnen in einem schönen Haus mit Garten direkt am Waldrand und lieben es, draußen im Garten und im Wald zu spielen. Das Haus steht auf einer großen Wiese, und ist von vielen bunten Sträuchern und Obstbäumen umgeben. Mama und Papa kümmern sich mit viel Liebe um den wunderschönen Garten. Die Narzissen und Tulpen blühen in vielen Farben und die Obstbäume stehen in voller Blüte.

Die Kinder verbringen viel Zeit im Garten und spielen mit viel Freude in der Umgebung.

Oft treffen sie sich mit anderen Kindern und spielen am kleinen Bach, der gleich hinter ihrem Haus vorbeifließt und um den herum es so viel zu erkunden gibt.

Manchmal sind sie auch im Wald hinter dem Bach unterwegs und spielen Verstecken.

Eines Tages, als sie wieder im Wald unterwegs sind, hören sie eigenartige Geräusche und folgen ihnen neugierig.

Nach einem anstrengenden Aufstieg auf einen großen Hügel kommen sie an einer Höhle vorbei und fragen sich, wer da wohl leben könnte. Plötzlich dringen aus der Höhle eigenartige Geräusche. Erschrocken laufen sie weiter den Berg hinauf.

Bald stellen sie fest, dass sie sich im Wald verlaufen haben. Sie entschließen sich, umzudrehen und zurück zum Haus zu gehen. Nach der ersten Biegung hören sie wieder diese furchteinflößenden Geräusche. Sie erschrecken, weichen zurück und laufen so schnell sie können durch das Dickicht davon. Doch plötzlich ist der Weg zu Ende. Sie verlieren den Boden unter den Füßen und stürzen in eine Schlucht.

Sie landen aber nicht hart am Waldboden, sondern sie finden sich in einem weichen, kuscheligen Etwas wieder. Da es schon Nacht geworden ist, können sie gar nichts mehr sehen. Der Tag war lang und aufregend, und so schlafen die Kinder erschöpft ein.

Tag 2 - Auf der Wolke

Am nächsten Tag wacht Susi auf und als sie die Augen öffnet, kann sie nicht glauben, was sie sieht. Sofort weckt sie Duxi auf, der sich ebenfalls verwundert die Augen reibt. Sie staunen nicht schlecht, als sie feststellen, dass sie auf einer Wolke sitzen und über die Welt fliegen.

Sie sehen grüne Wiesen und Wälder, blaue Flüsse, weite Hügel und hohe Berge. Einige Vogelschwärme ziehen am Himmel vorbei, während unter ihnen ein Dorf mit einem Kirchturm und Häusern, so klein wie Spielzeug, zu sehen ist. Als sie näherkommen, erkennen sie das Dorf, in dem ihre Großeltern leben. Sie sehen den Marktplatz, die Kirche und einen Wachturm aus dem Mittelalter, auf dem sie mit ihrem Opa schon einige Male oben waren, um die Aussicht zu genießen.

In der Nähe befindet sich ein See, auf dem sie mit Papa und Mama segeln waren. Auf dem Wasser schaukeln Segelboote. Einige Radfahrer und Autos sind gerade auf dem Weg zum See.

Sie sind so vertieft in ihre Beobachtungen und merken gar nicht, dass sie Besuch bekommen haben. Sie reagieren erst, als eine Stimme sagt: „Guten Morgen, gefällt euch die Aussicht?“ Sie drehen sich um und können nicht glauben, was sie da sehen.

Ein weißer Storch hat sich zu ihnen auf die Wolke gesetzt und redet mit ihnen. „Die Aussicht ist schön, aber wer bist du?“, fragt Duxi ganz erstaunt. „Ich bin der Storch Adebar und beobachte euch schon einige Zeit von oben. Seht mal hinauf, dort oben fliegt der Rest meiner Familie.“

Als die Kinder nach oben blicken, sehen sie drei wunderschöne, weiße Störche am Himmel kreisen. Darüber leuchtet die Sonne am blauen Himmel und ganz weit oben fliegt ein Flugzeug und hinterlässt einen weißen Kondensstreifen. „Da sind meine Frau Luise, meine Tochter Marika und mein Sohn Stefan. Wir haben gerade Flugunterricht“, sagt Adebar. „Flugunterricht? Was ist das?“, fragt Duxi. „Na ja, der Winter zieht schon bald ins Land und wir fliegen nach Afrika, da es im Winter hier für uns zu kalt ist. Der Weg dorthin ist sehr weit, und da muss man kräftig sein und gut fliegen können“, sagt Adebar.

„Wieso kannst du mit uns sprechen?“, fragt Susi nach einer Weile. „Du bist doch ein Storch und die können mit Menschen doch gar nicht reden.“

„Das ist eine lange Geschichte, aber für heute muss ich zurück zu meiner Familie. Bis bald", verabschiedet sich der Storch. Er hebt mit kräftigen Flügelschlägen ab und fliegt los.

Als Adebar, der neue Freund, weg ist, unterhalten sich die Kinder über die sonderbare Begegnung. Nach einiger Zeit werden sie müde, und es fallen ihnen die Augen zu.

Tag 3 - Die Landschaft

Am nächsten Morgen ruft Papa die Kinder zum Frühstück. Sie stehen auf, ziehen sich an und gehen in die Küche. Es gibt frische Semmeln und knusprige Kipferl.

Als sich Duxi seine Semmel gerade mit Omas Marillenmarmelade bestreicht, erzählt er von seinem Traum. Während er redet, wird Susi immer ruhiger und nachdenklicher, und auf einmal sagt sie: „Ich habe genau dasselbe geträumt".

Alle schauen sie an und schütteln den Kopf. „Das ist sehr ungewöhnlich", sagt Mama. Aber sie können jetzt nicht darüber reden, weil die Kinder schon in die Schule müssen.

Als es an diesem Abend Zeit zum Schlafengehen ist, sind die beiden schon sehr aufgeregt und freuen sich auf die Gute-Nacht-Geschichte. Papa erzählt gerne vom Segeln und Bergsteigen und von den Reisen, die er gemeinsam mit Mama unternommen hat. Die Kinder lieben es, mit Papas schönen Geschichten einzuschlafen.

„Schau mal“, ruft Duxi ganz aufgeregt, „dort drüben ist ein Bauernhof mit Kühen, Schafen und Ziegen.“ Tatsächlich stehen auf der Wiese unter ihnen viele Tiere und grasen. Gleich daneben schlängelt sich ein kleiner Bach über einen Hügel hinunter. Auf einem Berg können die Kinder bereits eine mittelalterliche Burg mit drei Türmen, einer dicken, hohen Burgmauer und einem tiefen Burggraben sehen. Sie erinnern sich an Opas Geschichten über Ritter und Prinzessinnen im Mittelalter, die er so spannend erzählen kann.

Die Kinder suchen das Dorf, das sie gestern gesehen haben, aber es ist nirgends mehr zu erkennen. Der Wind treibt die Wolke, auf der sie bei ihrem Sturz weich gelandet sind, über die Landschaft hinweg. Manchmal bläst der Wind so kräftig, und die Wolken ziehen so schnell dahin, dass Wiesen, Straßen, Hügeln, Flüsse und Felder rasch unter ihnen vorbeiziehen. Aber meistens ist es ganz angenehm, und sie können sich die Landschaft in Ruhe ansehen.

„Ein Hirsch!“, ruft Susi ganz aufgeregt und zeigt nach unten.

„Sieh nur, wie schön und groß sein Geweih ist. Der ist bestimmt schon sehr alt“, sagt Duxi. Am Waldrand entdecken sie noch weitere Rehe und einige Wildschweine, die sich über einen Berg Rüben hermachen.

Unter einem Baum sitzt eine Hasenfamilie mit vier jungen Hasenkindern. Die Häschen spielen vergnügt in der warmen Frühlingssonne.

Bei den vielen Beobachtungen ist den Kindern gar nicht aufgefallen, dass sich der Tag schon zu Ende neigt und die Sonne hinter den Hügeln untergeht. Sie beobachten, wie sich die Landschaft in der Dämmerung verändert. In den Dörfern und Städten gehen die Lichter an und die Autos beleuchten mit ihren Scheinwerfern die Straßen. Kurz nachdem sie über eine größere Stadt hinweg geflogen sind, sind sie auch schon eingeschlafen.

Tag 4 - Der See

„Guten Morgen, aufstehen! Es ist ein herrlicher Frühlingstag", ruft Papa aus der Küche und die Kinder strecken sich in ihren Betten. „Ich habe heute schon wieder so einen netten Traum gehabt", sagt Susi zu Duxi. „In meinem Traum sitzen zwei Kinder auf einer Wolke und fliegen über die Welt." „Du auch? Ich träume schon seit drei Tagen von diesen Kindern", staunt Duxi. „Das kann doch nicht sein? Wie können zwei Kinder denselben Traum haben?" „Ich weiß es auch nicht", meint Susi nachdenklich und geht ins Badezimmer, um sich zu waschen und die Zähne zu putzen.

Am Abend, als sie in ihren Betten liegen, erzählen sie Papa von den aufregenden Erlebnissen ihres letzten Traumes. Danach gibt Papa beiden einen Gutenachtkuss und bald darauf schlafen sie ein.

„So einen großen See habe ich noch nie gesehen“, ruft Susi ganz begeistert. „Was hast du gesagt?“, murmelt Duxi ganz verschlafen, reibt sich die Augen und streckt sich gemütlich. „Da unten ist ein blauer See, der so groß ist, dass man gar kein Ufer sehen kann“, sagt sie. Und Duxi meint: „Du hast recht, das muss ein riesiger See sein oder vielleicht sind wir sogar über dem Meer?“

Unter ihnen sind viele weiße Segelboote zu sehen, und ein schnelles Motorboot zieht einen Wasserschifahrer an einer langen Leine hinter sich her. Er macht so schnelle Kurven, dass das Wasser einige Meter hoch spritzt. Weiter drüben erkennen sie eine Fähre, die Menschen und sogar Autos transportiert. An der Reling stehen Männer, Frauen und Kinder und genießen die Überfahrt.

Einige Möwen fliegen rund um das Schiff und erfreuen sich an den Brotkrümeln, die ihnen die Kinder zuwerfen. Manche Möwen fangen sogar die Brotstücke aus der Luft, und andere streiten sich um die besten Stücke.

Als die Kinder auf der Wolke sich das Treiben von oben ansehen, fällt ihnen auf, dass sie am Horizont schon Land erkennen können. Sobald sie näherkommen, sehen sie eine Brücke, die sich über das Wasser spannt und beide Ufer miteinander verbindet.

„Die kenne ich", ruft Duxi begeistert, „das ist die Brücke, über die wir mit unseren Eltern im letzten Urlaub gefahren sind." Es ist eine sehr lange Brücke, die so hoch ist, dass auch große Schiffe unten passieren können. Auf der Brücke fahren Autos in vier Fahrspuren, und unter der Fahrbahn gibt es noch eine Trasse für die Züge.

In diesem Augenblick braust ein langer roter Zug über die Brücke. Während die Kinder die Wagons zählen, macht die Lokomotive einen lauten Pfiff. Sie müssen lachen, denn sie erinnern sich an eine Fahrt mit einer alten Dampflokomotive.

Während die beiden sich noch einige Zeit über die Fahrt mit der schönen Dampflokomotive und die damaligen Erlebnisse unterhalten, ist es bereits dunkel geworden. Sie werden müde, und es dauert gar nicht lange, und es fallen ihnen die Augen zu.

Tag 5 - Die Berge

„Brr, mir ist aber kalt!“, sagt Duxi zitternd, setzt sich auf und schaut hinunter. Ganz aufgeregt weckt er Susi und sagt: „Schau mal, wir fliegen gerade über schneebedeckte Gipfel und hohe Berge.“ Susi reibt sich die Augen und blickt auch hinunter. „Und da drüben sind Gämsen, und gleich daneben sehe ich einen klaren, blauen Bergsee“, ruft er. Tatsächlich gibt es neben dem See noch eine Hütte und auf der grünen, saftigen Alm grasen Kühe mit schwarzen und weißen Flecken sowie einige Schafe mit zotteligem Fell.

Ein Hirte geht mit seinem Stock über die Alm und kümmert sich um seine Herde. Er muss auf die Tiere aufpassen und sie täglich melken. Die Berge sind so hoch, und die Wolke fliegt gerade so niedrig, dass sie sogar den Hut mit dem Abzeichen und den langen grauen Bart des Hirten erkennen können. Sie rufen und winken, aber scheinbar sind sie doch weiter weg als gedacht, denn der Hirte winkt nicht zurück.

Auf einem Berggipfel steht ein großes Kreuz, und die Kinder erinnern sich an die Erzählung von Oma, dass am Gipfel eines Berges ein sogenanntes „Gipfelkreuz“ errichtet wird.

Meistens gibt es auch ein Gipfelbuch, in das sich Bergsteigerinnen und Bergsteiger nach der Besteigung eintragen können.

Oma liebt es, Sprüche in das Gipfelbuch zu schreiben. Nach einem anstrengenden Anstieg genießt sie mit Opa die Aussicht vom Berggipfel.

Gleich

unterhalb des

Gipfelkreuzes entspringt

ein Bach aus einer

Quelle und stürzt dann über

einen steilen Abhang nach

unten. Die Wassertröpfchen

des Wasserfalles glitzern und

funkeln in der warmen Sonne. Weit

unterhalb sehen sie einen Teich und drei

Badehütten. Einige Männer sitzen am Ufer und fischen.

„Schau mal da“, ruft Susi, „dort ist ein Sessellift und ich sehe viele Schifahrer.“ Tatsächlich sehen sie in der Ferne ein Schigebiet mit Sesselliften, Gondelbahnen und Schleppliften.

Als sie näherkommen, erkennen sie eine Schipiste, auf der gerade ein Kinderschirennen stattfindet. Sie hören die lauten Stimmen und die Musik. Ein Rennläufer mit einem knallroten Helm ist gerade pfeilschnell zwischen den Toren unterwegs. Sie erinnern sich an den Schiurlaub mit ihren Eltern im letzten Winter und an ihr eigenes Abschlussrennen im Schikurs.

Inzwischen steht die Sonne hoch über den Wolken und wärmt die Kinder. Sie legen sich auf den Rücken und schauen in den Himmel. Hoch über ihnen fliegen einige Vögel, und Duxi erkennt einen Steinadler, der gerade seine großen Kreise zieht.

Weiter drüben sehen sie einen Schwarm Wildgänse, die in ihrer typischen V-Formation laut schnatternd dahinfliegen. „Die sind wahrscheinlich gerade auf dem Weg nach Afrika“, sagt Duxi, „denn dort überwintern sie.“

Die beiden Kinder denken an Afrika und an die vielen Tiere, die sie bisher nur im Zoo gesehen haben. Bald fallen ihnen die Augen zu, und sie schlafen ein.

Schlaf gut...

In den Träumen finden wir die
unendliche Welt unserer Fantasie.

In der Fantasie entdecken wir die
unermüdliche Kraft unserer Träume.

Besuchen sie uns auf OmaOpaFox.com

Printed in Poland
by Amazon Fulfillment
Poland Sp. z o.o., Wrocław

33428604R00022